Impressum
Verlag: BABADADA GmbH, Nedderfeld 112 , 22529 Hamburg
Geschäftsführer / Verlagsleitung: Harald Hof
Druck: Books on Demand GmbH, In de Tarpen 42, 22848 Norderstedt

Imprint
Publisher: BABADADA GmbH, Nedderfeld 112 , 22529 Hamburg, Germany
Managing Director / Publishing direction: Harald Hof
Print: Books on Demand GmbH, In de Tarpen 42, 22848 Norderstedt, Germany

de School
škola

de Klassenstuuv
učionica

delen
dijeliti

186/2

de Tafel
ploča

de Schoolhoff
školsko dvorište

de Schoolmeester
učitelj

dat Papeer
papir

schrieven
pisati

de Sticken
kemijska olovka

de Schrievdisch
pisaći stol

dat Lienholt
ravnalo

dat Book
knjiga

de Schöler
učenik

de Ranzel

torba

de Feddermapp

pernica

de Bleesticken

grafitna olovka

de Scharpmaker

šiljilo za olovke

dat Radeergummi

gumica za brisanje

de Tekenblock

blok za crtanje

de Teken

crtež

de Pinsel

kist

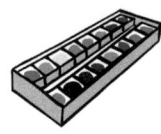

de Malkassen

kutija s bojama

de Scheer

makaze

de Klever

ljepilo

dat Heft to'n Öven

bilježnica

de Huusopgaav

domaći zadatak

de Tall

broj

2+2

tohooptellen

sabirati

5-2

aftrecken

oduzimati

2×2

malnehmen

množiti

reken

računati

A

de Bookstaav

slovo

ABCDEFG
HIJKLMN
OPQRSTU
VWXYZ

dat ABC

abeceda

dat Woort

riječ

de Text

tekst

lesen

čitati

de Kried

kreda

de Stunn

sat

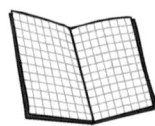

dat Klassenbook

dnevnik

de Pröven

ispit

dat Tüügnis

svjedodžba

de Schooluniform

školska uniforma

de Utbillen

obrazovanje

dat Nakieksel

leksikon

de Universität

sveučilište

dat Mikroskop

mikroskop

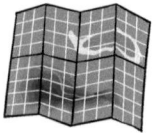

de Koort

karta

de Papeerkorf

košara za papir

de School - škola

dat Hotel
hotel

Grand

de Harbarg
prenoćište

ROOMS

de Wesselstuuv
mjenjačnica

EXCHANGE

de Kuffer
kofer

dat Auto
auto

de Spraak

jezik

jo / ne

da / ne

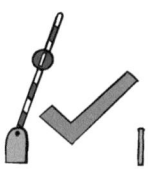

Jo

okay

Moin

zdravo

de Översetter

prevoditelj

Dank ok

hvala

Wat kost...?

Koliko košta...?

Ik verstah nich

ne razumijem

dat Problem

problem

Goden Avend

dobro veče!

Moin!

Dobro jutro!

Gode Nacht!

Laku noć!

Tschüüs

doviđenja

de Richt

smjer

de Bagaasch

prtljaga

de Tasch

torba

de Rüchsack

ruksak

de Gast

gost

de Stuuv

soba

de Slaapsack

vreća za spavanje

dat Telt

šator

de Touristeninformatschoon

turističke informacije

de Strand

plaža

de Kreditkoort

kreditna kartica

dat Fröhstück

doručak

dat Meddageten

ručak

dat Avendeten

večera

de Fohrkort

karta za vožnju

de Fohrstohl

dizalo

de Breefmark

poštanska markica

de Grenz

granica

de Toll

carina

de Bottschop

ambasada

dat Visum

viza

de Pass

putovnica

de Transport

transport

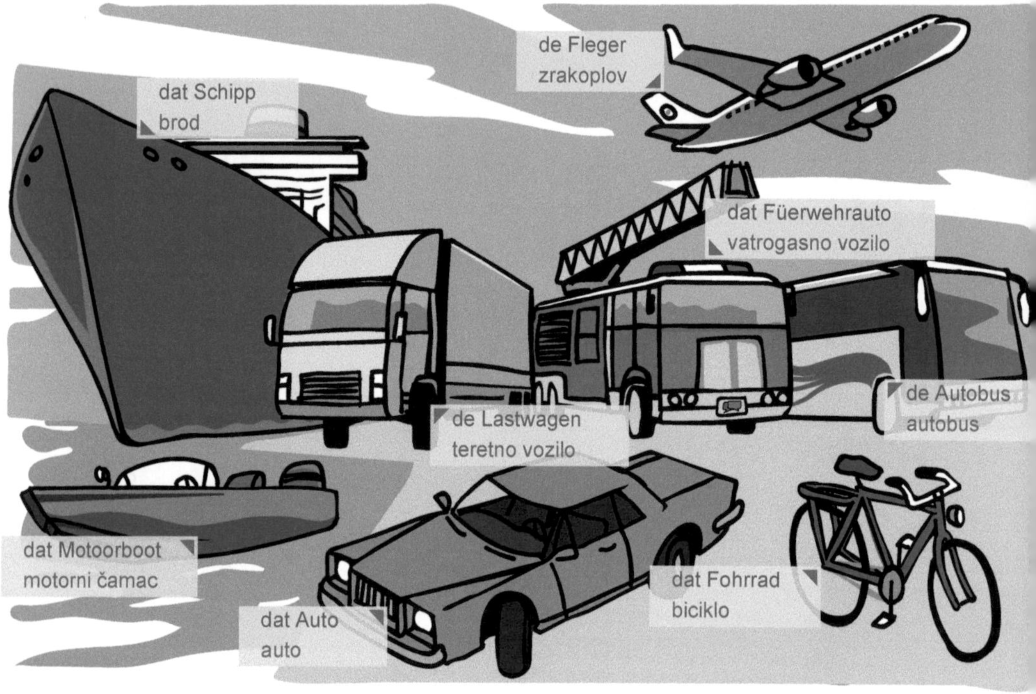

dat Schipp
brod
de Fleger
zrakoplov
dat Füerwehrauto
vatrogasno vozilo
de Lastwagen
teretno vozilo
de Autobus
autobus
dat Motoorboot
motorni čamac
dat Auto
auto
dat Fohrrad
biciklo

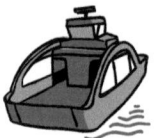

de Fähr

trajekt

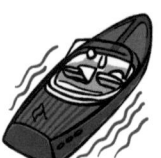

dat Boot

čamac

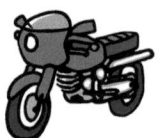

dat Motoorrad

motocikl

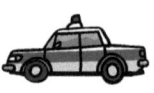

dat Polizeiauto

policijski auto

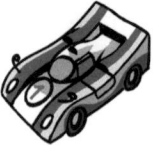

dat Rönnauto

trkaći auto

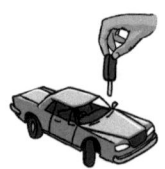

de Lehnwagen

iznajmljeno auto

dat Carsharing

dijeljenje automobila

de Afsleepwagen

vučno vozilo

dat Müllauto

vozilo za odvoz smeća

de Motoor

motor

de Kraftstoff

benzin

de Tanksteed

benzinska postaja

dat Verkehrsschild

prometni znak

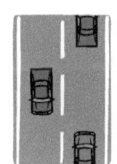

de Verkehr

promet

de Stau

zastoj

de Afstellplatz

parkiralište

de Bahnhoff

kolodvor

de Sporen

šine

de Tog

vlak

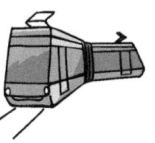

de Stratenbahn

tramvaj

de Wagon

vagon

de Transport - transport

9

de Dwarsmöhl

helikopter

de Flooghaven

zrakoplovna luka

de Tower

toranj

de Fohrgast

putnik

de Grootkist

kontejner

de Karton

karton

de Koor

kolica

de Korf

košara

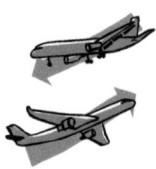

starten / lannen

uzletjeti / sletjeti

de Stadt

grad

dat Dörp

selo

de Binnenstadt

centar grada

dat Huus

kuća

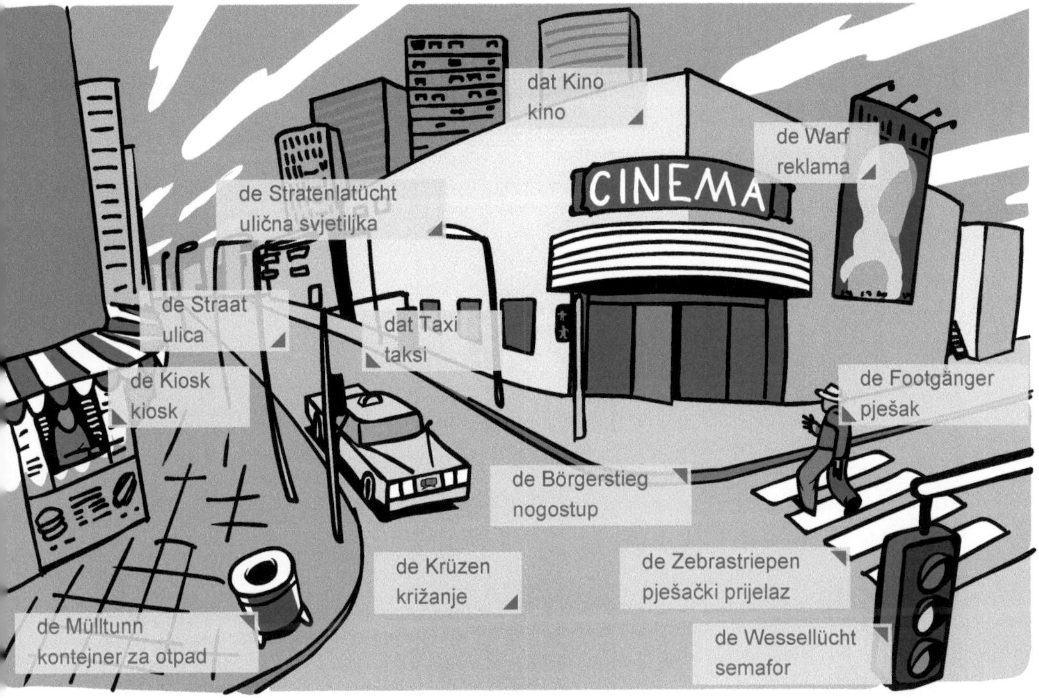

de Stadt

dat Kino / kino

de Warf / reklama

de Stratenlatücht / ulična svjetiljka

de Straat / ulica

dat Taxi / taksi

de Kiosk / kiosk

de Footgänger / pješak

de Börgerstieg / nogostup

de Krüzen / križanje

de Zebrastriepen / pješački prijelaz

de Mülltunn / kontejner za otpad

de Wessellücht / semafor

de Hütt

koliba

de Wahnung

stan

de Bahnhoff

kolodvor

dat Raathuus

vijećnica

dat Museum

muzej

de School

škola

de Universität

sveučilište

de Bank

banka

dat Krankenhuus

bolnica

dat Hotel

hotel

de Afteek

ljekarna

dat Büro

ured

de Bookhökerie

knjižara

de Hökerie

prodavaonica

de Blomenhökerie

cvjećara

de Supermarkt

supermarket

de Markt

trg

dat Koophuus

robna kuća

de Fischhökerie

ribarnica

dat Inkoopszentrum

trgovački centar

de Haven

luka

de Parkanlaag

park

de Bank

klupa

de Brüch

most

de Trepp

stepenice

de Ünnergrundbahn

podzemna željeznica

de Tunnel

tunel

de Busstoppsteed

autobusna stanica

de Bar

bar

dat Spieslokal

restoran

de Breefkassen

poštansko sanduče

dat Stratenschild

ulični znak

de Parkklock

parkirni sat

de Deertenpark

zoološki vrt

de Baadanstalt

bazen

de Moschee

džamija

de Buernhoff

seosko gazdinstvo

de Ümweltversmudden

zagađenje okoliša

de Karkhoff

groblje

de Kark

crkva

de Speelplatz

igralište

de Tempel

hram

de Landschop
krajolik

dat Blatt
list

de Wiespahl
putokaz

de Weg
put

de Wisch
livada

de Steen
kamen

de Boom
drvo

de Wannerer
šetač

de Fluss
rijeka

dat Gras
trava

de Bloom
cvijet

dat Daal
dolina

de Barg
planina

de See
jezero

dat Holt
šuma

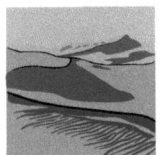

de Wööst
pustinja

de Füerspien Barg
vulkan

dat Slott
dvorac

de Regenbagen
duga

de Poggenstohl
gljiva

de Palm
palma

de Steekmück
moskito

de Fleeg
muha

de Miegeemk
mrav

de Imm
pčela

de Spinn
pauk

de Sebber

buba

de Pogg

žaba

de Katteker

vjeverica

de Swienegel

jež

de Haas

zec

de Uul

sova

de Vagel

ptica

de Swaan

labud

dat Wildswien

divlja svinja

de Hirsch

jelen

de Elk

los

de Staudamm

nasip

dat Windrad

vjetrenjača

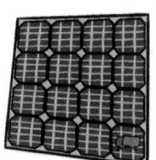

dat Solarmodul

solarna ploča

dat Klima

klima

dat Spieslokal

restoran

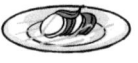

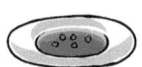

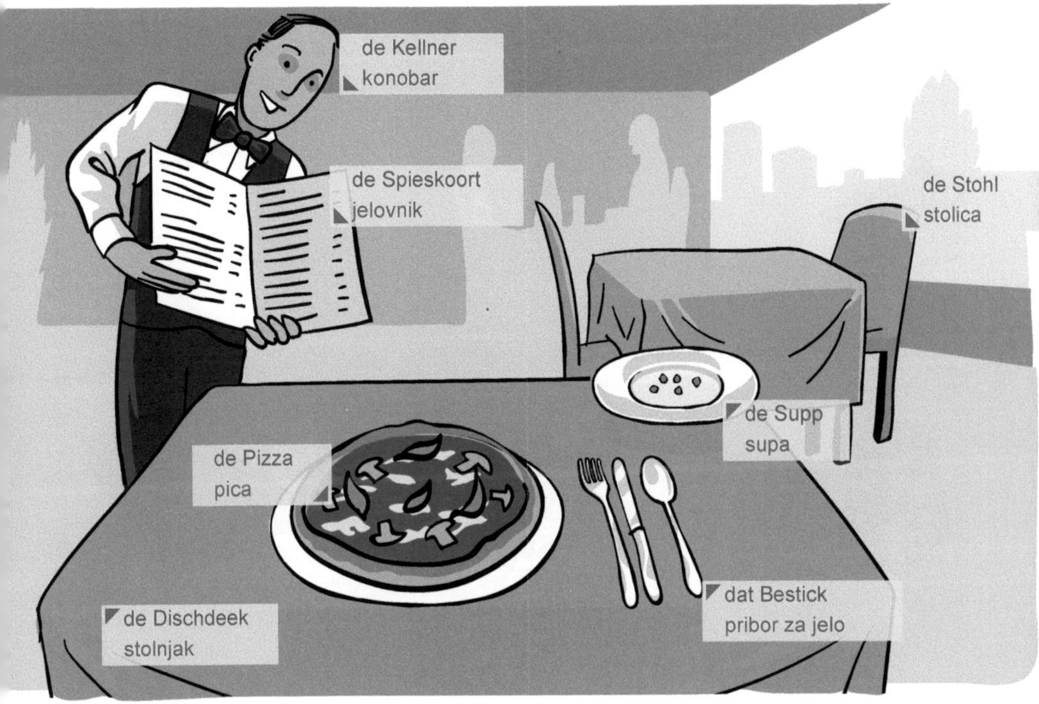
de Kellner
konobar
de Spieskoort
jelovnik
de Stohl
stolica
de Supp
supa
de Pizza
pica
dat Bestick
pribor za jelo
de Dischdeek
stolnjak

de Vörspies

predjelo

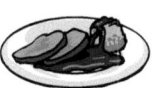

dat Haupteten

glavno jelo

de Nadisch

desert

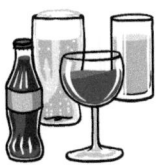

de Drünk

napitci

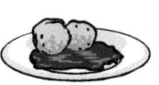

dat Eten

jelo

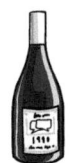

de Buddel

boca

dat Fastfood

fastfood

dat Strateneten

imbis hrana

de Teekann

čajnik

de Zuckerdoos

doza za šećer

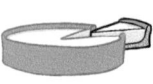

de Portschoon

porcija

de Espressomaschien

aparat za espresso

de Hoochstohl

visoka stolica

de Reken

račun

dat Tablett

pladanj

dat Mess

nož

de Gavel

vilica

de Lepel

žlica

de Teelepel

čajna žlica

dat Munddook

ubrus

dat Glas

čaša

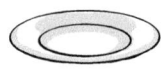

de Töller

tanjur

de Suppentöller

tanjur za supu

de Ünnertass

tanjurić

de Sooß

sos

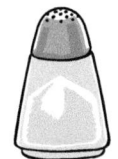

de Soltstreuer

soljenka

de Pepermöhl

mlin za biber

de Etig

ocat

dat Ööl

ulje

de Krüder

začini

de Ketchup

kečap

de Mostrich

senf

de Mayonnaise

majoneza

de Supermarkt

supermarket

dat Anbott
ponuda
de Kunn
kupac
FOR
de Melkprodukten
mliječni proizvodi
dat Aaft
voće
de Inkoopswagen
kolica za kupnju

BUTCHERS

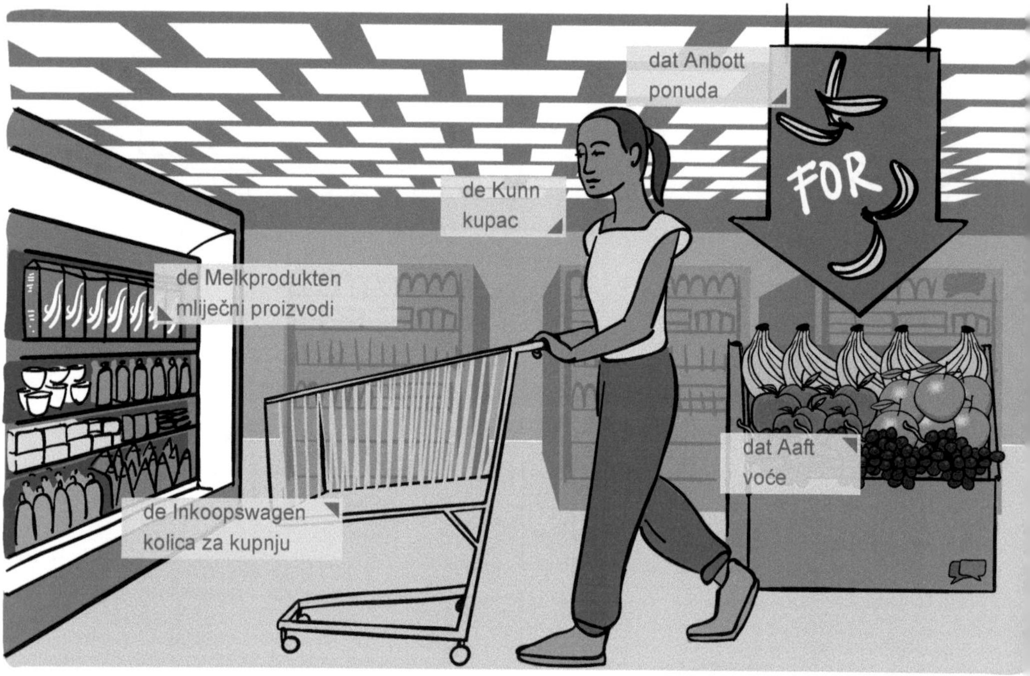

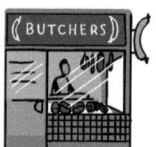

de Slachterie

mesnica

BAKERY

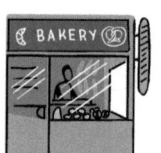

de Bäckerie

pekarnica

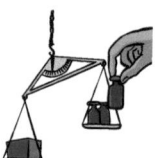

wegen

vagati

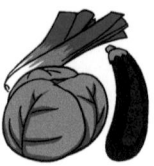

de Gröönsaken

povrće

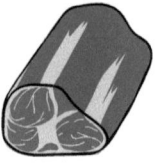

dat Fleesch

meso

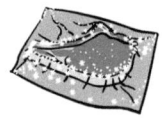

de Deepköhlkost

duboko smrznuta hrana

de Opsnitt

narezak

de Konserven

konzerve

de Waschmiddel

sredstvo za pranje

de Snoopkraam

slatkiši

de Huushooltssaken

artikli za domaćinstvo

de Reinmaaktüüch

sredstva za čišćenje

de Verköpersche

prodavačica

de Kass

blagajna

de Kasserer

blagajnik

de Inkoopslist

lista za kupnju

de Opsparrtieden

vrijeme rada

de Breeftasch

novčanik

de Kreditkoort

kreditna kartica

de Tasch

torba

de Plastiktüüt

plastična vrećica

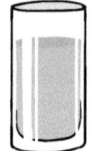

dat Water

voda

de Saft

sok

de Melk

mlijeko

de Cola

cola

de Wien

vino

dat Beer

pivo

de Spriet

alkohol

de Kakao

kakao

de Tee

čaj

de Koffie

kava

de Espresso

espresso

de Cappucino

cappuccino

de Banaan

banana

de Appel

jabuka

de Appelsien

naranča

de Meloon

lubenica

de Zitroon

limun

de Wöttel

mrkva

de Knuuvlook

češnjak

de Bambus

bambus

de Zibbel

luk

de Poggenstohl

gljiva

de Nööt

orašasti plodovi

de Nudeln

rezanci

de Spaghetti

špagete

de Ries

riža

de Salat

salata

de Pommes frites

pomfrit

de Braadkantüffeln

pečeni krumpir

de Pizza

pica

de Hamborger

hamburger

dat Sandwich

sendvič

dat Snitzel

šnicla

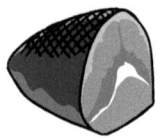

de Schinken

pršut

de Salami

salama

de Wust

kobasica

dat Hohn

kokoš

de Braden

pečenje

de Fisch

riba

de Haverflocken

zobene pahuljice

dat Müsli

musli

de Cornflakes

kukuruzne pahuljice

dat Mehl

brašno

de Croissant

roščić

dat Rundstück

pecivo

dat Broot

kruh

dat Toast

toast

de Keksen

keksi

de Botter

maslac

de Quark

svježi sir

de Koken

kolač

dat Ei

jaje

dat Spegelei

jaje na oko

de Kees

sir

dat Eten - jelo

de Ies

sladoled

de Zucker

šećer

de Honnig

med

de Marmelaad

marmelada

de Nougat-Creme

nugat krema

dat Curry

curry

de Buernhoff
seosko gazdinstvo

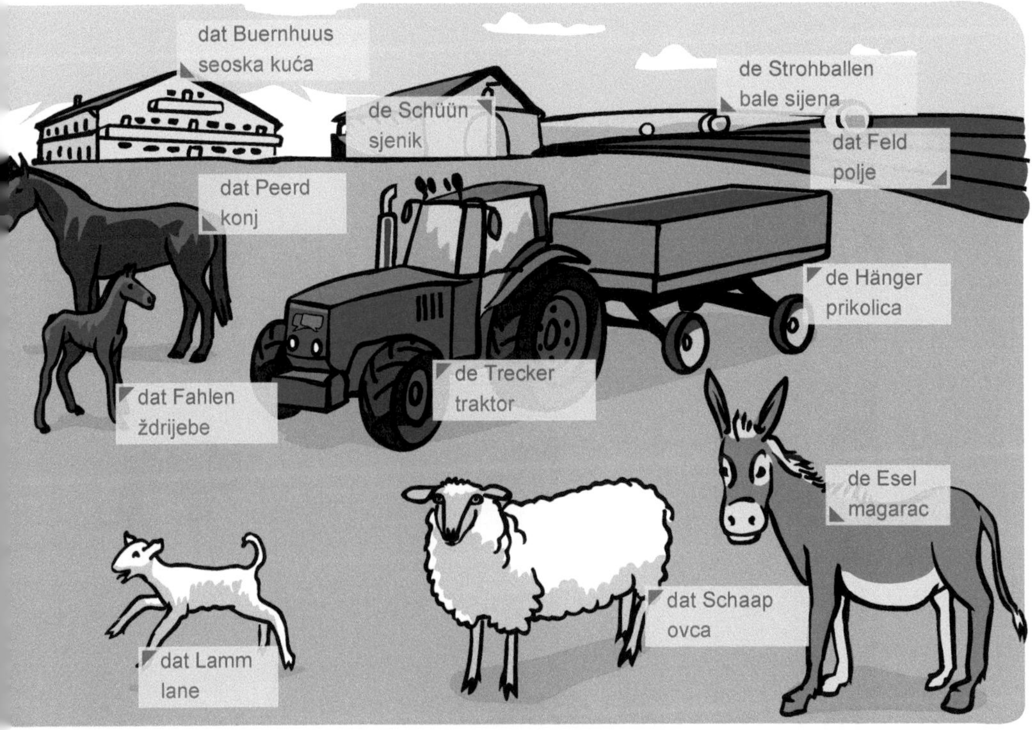
dat Buernhuus
seoska kuća
de Schüün
sjenik
de Strohballen
bale sijena
dat Feld
polje
dat Peerd
konj
de Hänger
prikolica
de Trecker
traktor
dat Fahlen
ždrijebe
de Esel
magarac
dat Schaap
ovca
dat Lamm
lane

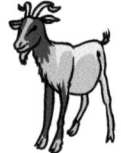

de Zeeg
koza

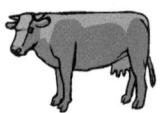

de Koh
krava

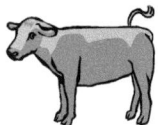

dat Kalf
tele

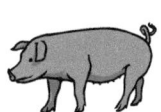

dat Swien
svinja

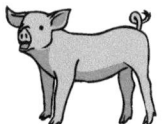

dat Farken
prase

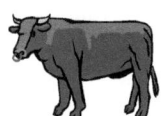

de Bull
bik

de Goos

guska

de Aant

patka

dat Küken

pilići

dat Hohn

kokoš

de Hahn

pijetao

de Rott

pacov

de Katt

mačka

de Muus

miš

de Oss

vol

de Hund

pas

de Hunnenhütt

kućica za psa

de Goornslauch

vrtno crijevo

de Geetkann

kanta za polijevanje

de Lee

kosa

de Ploog

plug

de Sich

srp

de Hack

motika

de Mestfork

vilica za gnojivo

de Ext

sjekira

de Schuufkoor

tačke

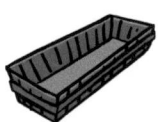

de Trog

korito

de Melkkann

posuda za mlijeko

de Sack

vreća

de Tuun

ograda

de Stall

štala

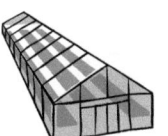

dat Drievhuus

staklenik

de Bodden

zemlja

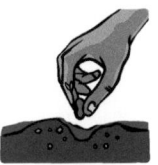

de Saat

sjeme

de Dünger

gnojivo

de Meihdöscher

kombajn

oornen

žanjati

de Oorn

žetva

de Yamswöttel

yams začin

de Weten

pšenica

dat Soja

soja

de Kantüffel

krumpir

de Törksche Weten

kukuruz

de Rapp

uljana repica

de Aaftboom

voćka

de Troopsch Kantüffel

gomolj manioke

dat Koorn

žitarice

dat Huus
kuća

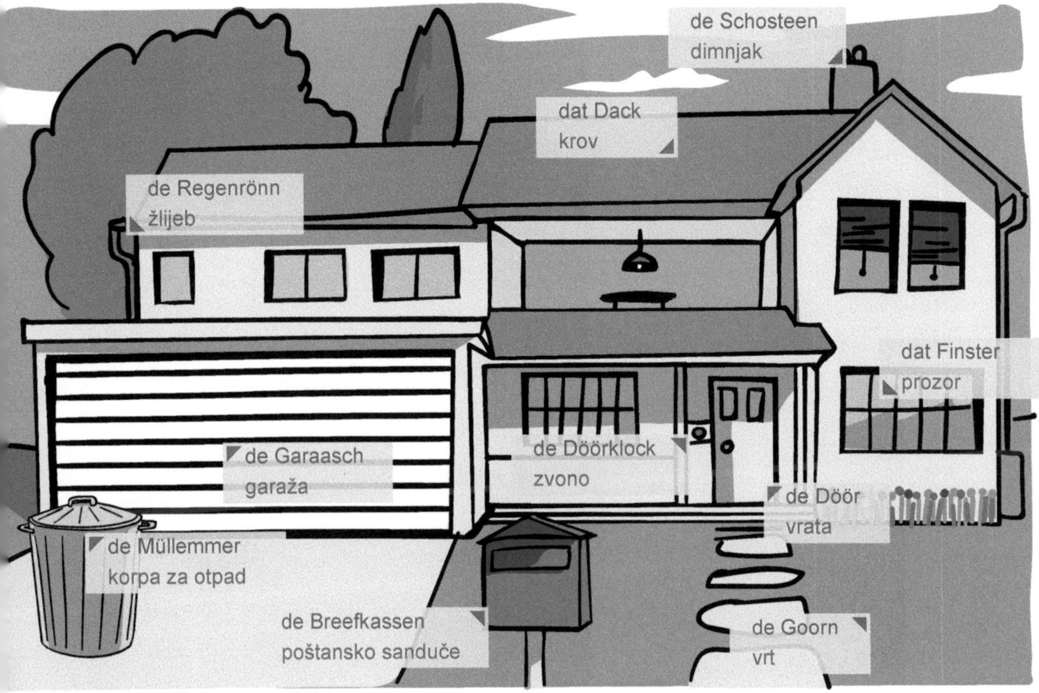
de Schosteen
dimnjak
dat Dack
krov
de Regenrönn
žlijeb
dat Finster
prozor
de Döörklock
zvono
de Garaasch
garaža
de Döör
vrata
de Müllemmer
korpa za otpad
de Breefkassen
poštansko sanduče
de Goorn
vrt

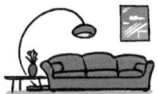

de Wahnstuuv

dnevna soba

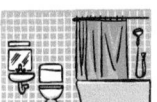

de Baadstuuv

kupaonica

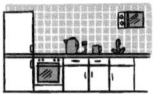

de Köök

kuhinja

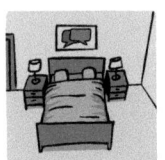

de Slaapstuuv

spavaća soba

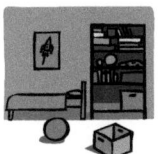

de Kinnerstuuv

dječija soba

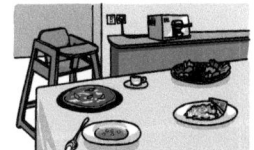

de Eetstuuv

trpezarija

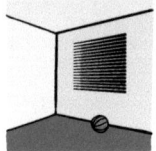

de Footbodden

pod

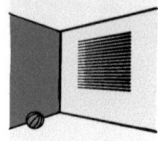

de Wand

zid

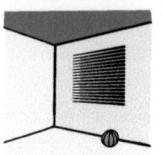

de Deek

strop

de Keller

podrum

dat Hittluftbad

sauna

de Balkon

balkon

de Terrass

terasa

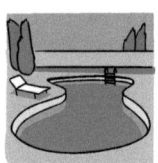

dat Swümmbad

bazen

de Rasenmeiher

kosilica za travu

de Bettbetog

posteljina za krevet

de Bettdeek

deka za krevet

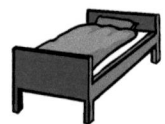

de Puuch

krevet

de Bessen

metla

de Emmer

kanta

de Schalter

sklopka

de Wahnstuuv

dnevna soba

de Tapeet
tapeta
dat Bild
slika
de Lamp
svjetiljka
dat Regal
regal
dat Schapp
ormar
de Kiekkassen
televizija
de Kamin
kamin
de Bloom
cvijet
dat Küssen
jastuk
dat Sofa
kauč
de Vaas
vaza
de Feernbedenen
daljinski upravljač

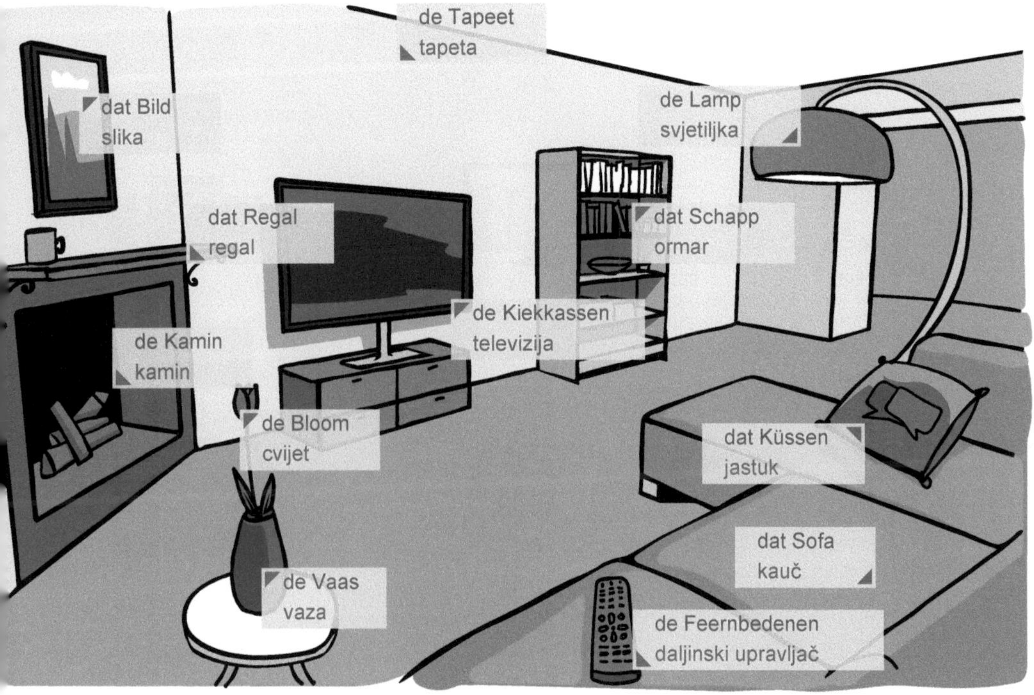

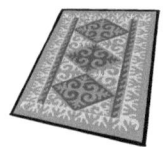

de Teppich

tepih

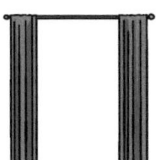

de Vörhang

zavjesa

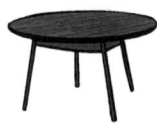

de Disch

stol

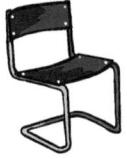

de Stohl

stolica

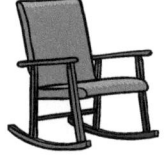

de Schuckelstohl

stolica za njihanje

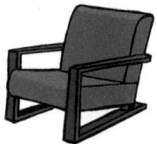

de Sessel

fotelja

dat Book

knjiga

de Deek

deka

de Dekoratschoon

dekoracija

dat Füerholt

drvo za ogrjev

de Film

film

de Stereoanlaag

stereo uređaj

de Slötel

ključ

dat Narichtenblatt

novine

dat Gemälde

slika na platnu

dat Poster

poster

dat Radio

radio

de Opschrievblock

blok za pisanje

de Huulbessen

usisavač

de Kaktus

kaktus

de Kars

svijeća

de Köök
kuhinja

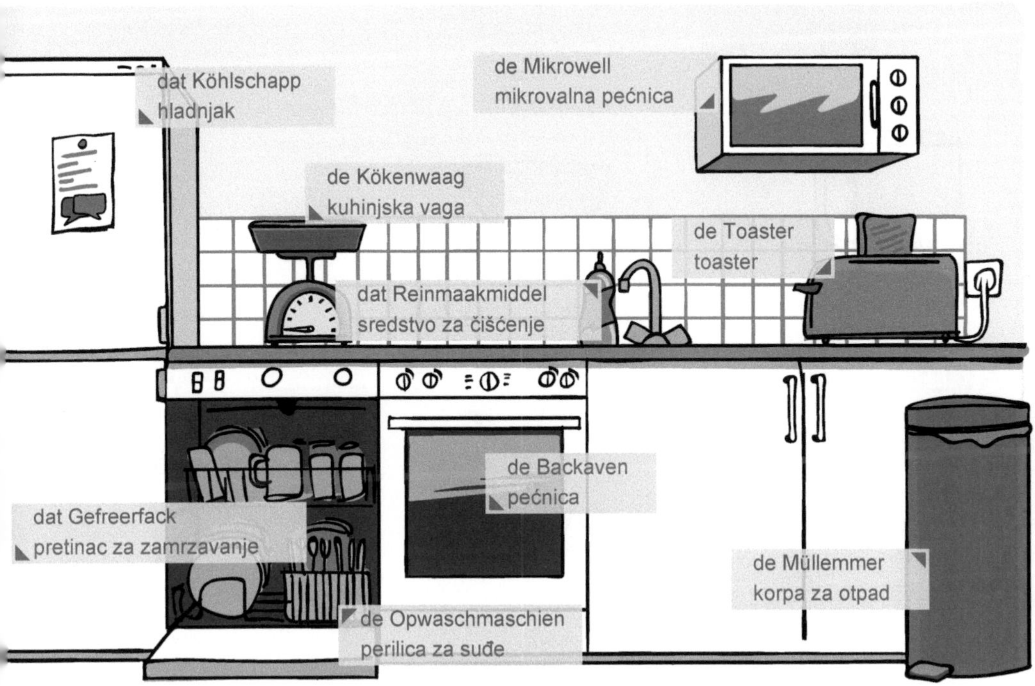

dat Köhlschapp
hladnjak
de Mikrowell
mikrovalna pećnica
de Kökenwaag
kuhinjska vaga
de Toaster
toaster
dat Reinmaakmiddel
sredstvo za čišćenje
de Backaven
pećnica
dat Gefreerfack
pretinac za zamrzavanje
de Müllemmer
korpa za otpad
de Opwaschmaschien
perilica za suđe

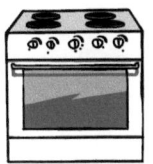

de Heerd

štednjak

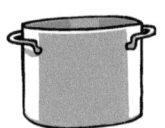

de Pott

lonac

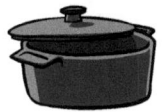

de Gussiesern Putt

željezni lonac

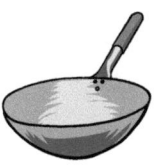

de Wok / Kadai

wok / kadai

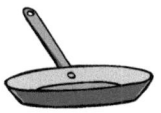

de Pann

tava

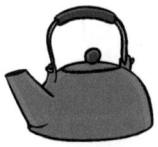

de Waterkaker

kuhalo za vodu

de Dampkaakputt

kuhalo na paru

dat Backblick

lim za pečenje

dat Geschirr

posuđe

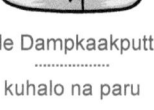

de Beker

čaša

de Schaal

zdjela

de Eetsticken

štapići za jelo

de Suppenkell

kutljača

de Pannenwenner

lopatica

de Sneebessen

pjenjača

dat Kaakseef

sito za kuhanje

dat Seef

sito

de Riev

ribež

de Mörser

mužar

de Grill

roštilj

de Füerstell

ognjište

dat Sniedbrett

daska

dat Nudelholt

oklagija

de Proppentrecker

vadičep

de Doos

konzerva

de Dosenaapner

otvarač konzervi

de Pottlappen

krpa za lonac

dat Waschbecken

sudoper

de Böst

četka

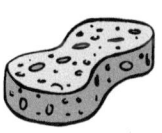

de Swamm

spužva

de Mixer

mikser

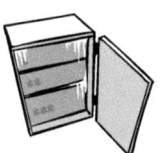

dat Iesschapp

zamrzivač

de Nuckelbuddel

bočica za bebe

de Waterhahn

slavina za vodu

de Baadstuuv
kupaonica

de Heizung
grijanje
dat Handdook
ručnik
de Bruus
tuš
de Bruusvörhang
zavjesa za tuš
dat Schuumbad
pjenušava kupka
de Baadwann
kada
dat Glas
čaša
de Waschmaschien
perilica za rublje
de Waterhahn
slavina za vodu
de Fliesen
pločice
de lütte Putt
dječja kahlica
dat Waschbecken
sudoper

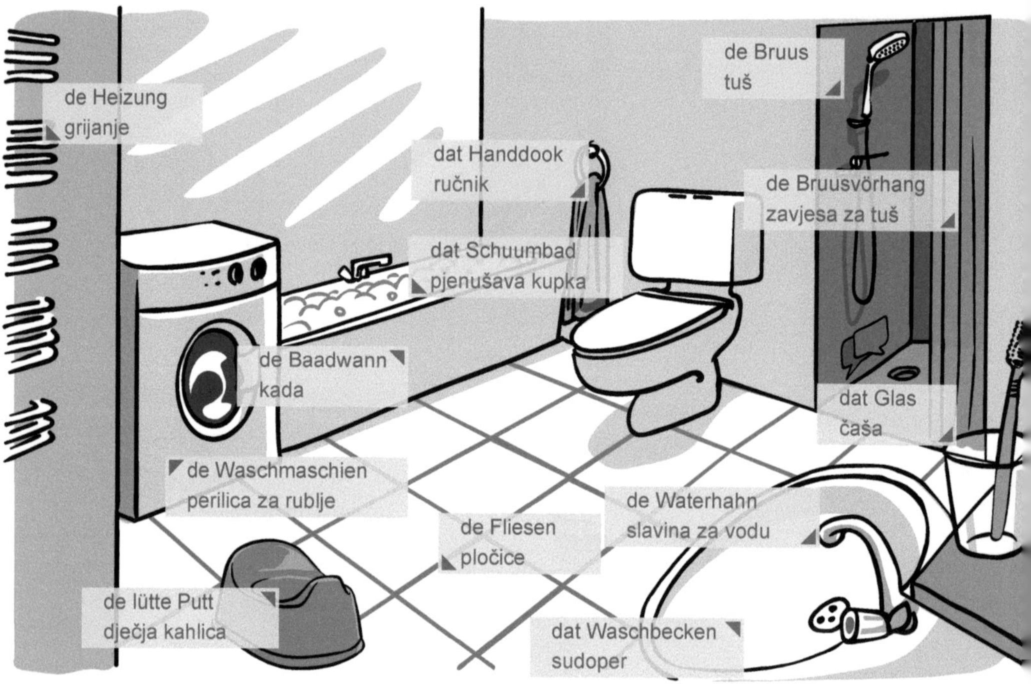

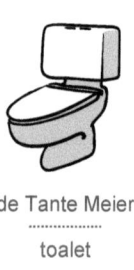

de Tante Meier
toalet

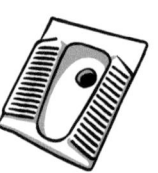

de Hockklo
čučavac

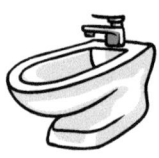

dat Bidet
bidet

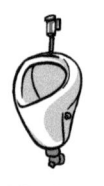

dat Miegbecken
pisoar

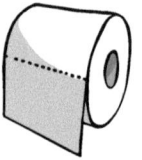

dat Klopapeer
papir za toalet

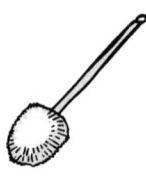

de Kloböst
četka za toalet

de Tähnböst

četkica za zube

de Tähnpast

pasta za zube

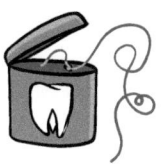

de Tähnsied

konac za zube

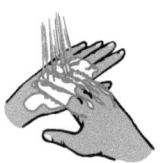

waschen

prati

de Handbruus

tuš ručica

de Intimbruus

tuš za pranje intimnih dijelova

de Waschschöttel

lavor

de Rüchböst

četka za pranje leđa

de Seep

sapun

dat Bruusgeel

gel za tuširanje

dat Hoorwaschmiddel

šampon

de Waschlappen

krpa za pranje

de Afloop

odvod

de Creme

krema

dat Deodorant

dezodorans

de Spegel

ogledalo

de Kosmetikspegel

kozmetičko ogledalo

de Raserer

brijač

de Raseerschuum

pjena za brijanje

dat Raseerwater

losion za poslije brijanja

de Kamm

češalj

de Böst

četka

de Hoordröger

sušilo za kosu

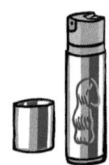

dat Hoorspray

sprej za kosu

de Smink

makeup

de Lippensticken

ruž za usne

de Nagellack

lak za nokte

de Watt

vata

de Nagelscheer

škare za nokte

dat Rüükwater

parfem

de Kulturbüdel

neseser

de Schemel

stolica

de Waag

vaga

de Baadmantel

ogrtač

de Gummihanschen

rukavice za čišćenje

de Tampon

tampon

de Damenbinn

uložak

dat Chemieklo

kemijski toalet

de Kinnerstuuv

dječija soba

de Wecker
budilnik
dat Knudeldeert
plišana igračka
dat Speeltüüchauto
auto igračka
de Klöter
zvečka
dat Poppenhuus
kućica za lutke
dat Geschenk
poklon

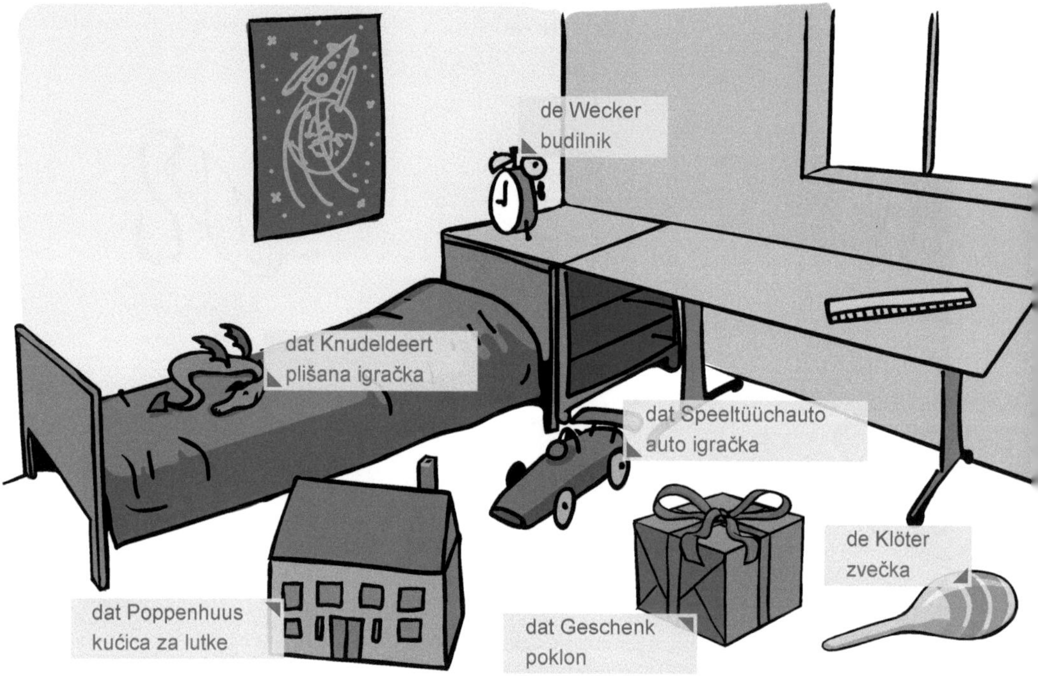

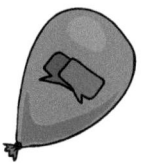

de Luftballon

balon

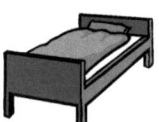

de Puuch

krevet

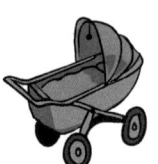

de Kinnerwagen

dječija kolica

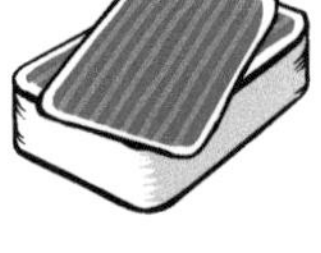

dat Koortenspeel

igra s kartama

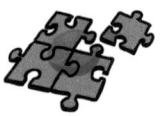

dat Puzzle

slagalica

SUPER
MEGA

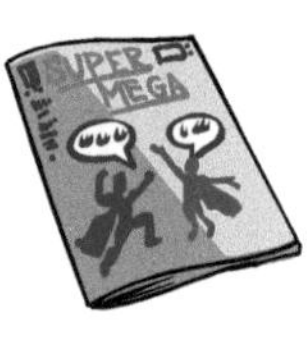

de Billergeschicht

strip

de Legostenen

lego kockice

de Bustenen

kockice za slaganje

de Action-Figur

akcioni junak

de Strampelantog

kombinezon za bebe

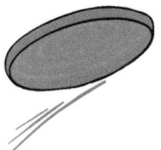

de Frisbeeschiev

frizbi

dat Mobile

viseće igračke

dat Brettspeel

društvene igre

de Wörpel

kocka

de Modelliesenbahn

minijaturna željeznica

de Snuller

duda

de Party

tulum

dat Billerbook

slikovnica

de Ball

lopta

de Popp

lutka

spelen

igrati

de Sandkassen

pješčanik

de Schuckel

ljuljačka

dat Speeltüüch

igračka

de Speelkonsool

konzola za igre

dat Dreerad

tricikl

de Teddyboor

plišani medo

dat Klederschapp

ormar

dat Tüüch

odjeća

de Socken

kratke čarape

de Strümp

čarape

de Strumpbüx

hulahopke

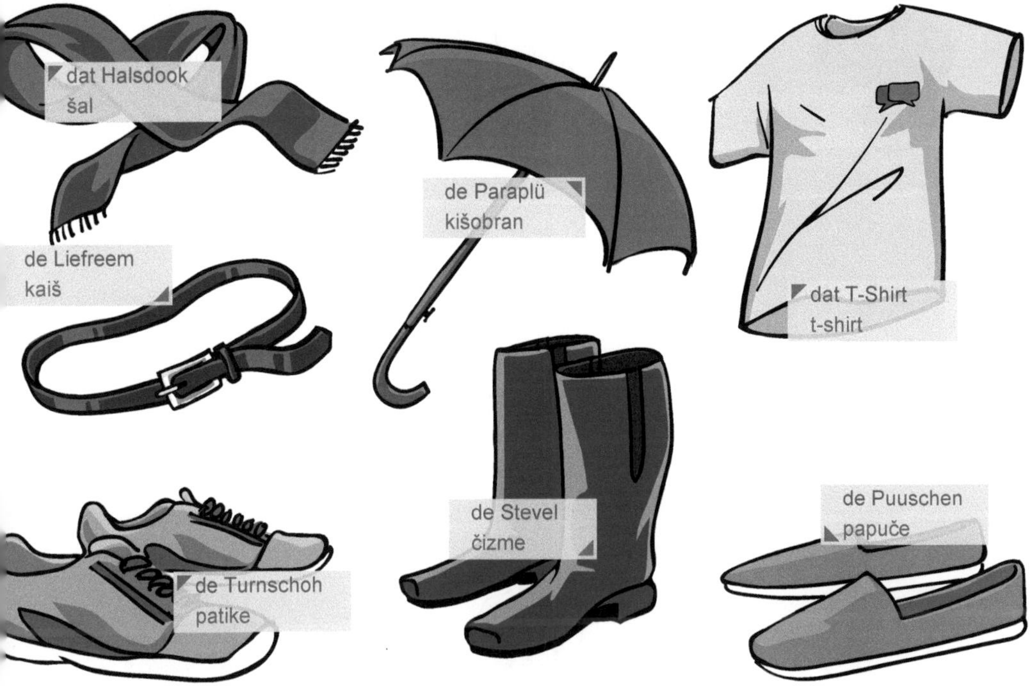

dat Halsdook
šal

de Paraplü
kišobran

dat T-Shirt
t-shirt

de Liefreem
kaiš

de Stevel
čizme

de Puuschen
papuče

de Turnschoh
patike

de Sandalen
....
sandale

de Schoh
....
cipele

de Gummistevel
....
gumene čizme

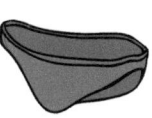

de Ünnerbüx
....
gaćice

de Bostholler
....
grudnjak

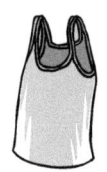

dat Ünnerhemd
....
potkošulja

de Lief

bodi

de Büx

hlače

de Jeansnüx

džins

de Rock

haljina

de Bluus

bluza

dat Hemd

košulja

de Pullover

džemper

de Kapuzenpullover

pulover s kapuljačom

de Blazer

blejzer

de Jack

jakna

de Mantel

kaput

de Övertrecker

kabanica

dat Kostüm

kostim

dat Kleed

haljina

dat Hochtietskleed

vjenčanica

de Antog
odijelo

dat Nachtkleed
spavaćica

de Slaapantog
pidžama

de Sari
sari

dat Koppdook
rubac

de Turban
turban

de Burka
burka

de Kaftan
kaftan

de Abaya
abaja

de Baadantog
kupaći kostim

de Baadbüx
kupaće gaćice

de Korte Büx
kratke hlače

de Antog to'n Öven
odjeća za trening

de Schört
pregača

de Handschoh
rukavice

de Knopp

gumb

de Brill

naočale

dat Armband

narukvica

de Halskeed

ogrlica

de Ring

prsten

de Ohrbummel

naušnica

de Mütz

kapa

de Klederbögel

vješalica

de Hoot

šešir

de Binner

kravata

de Rietslüter

patent zatvarač

de Helm

kaciga

dat Drachtband

naramenice

de Schooluniform

školska uniforma

de Uniform

uniforma

de Severböten

podbradak

de Snuller

duda

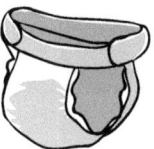

de Winnel

pelena

dat Büro
ured

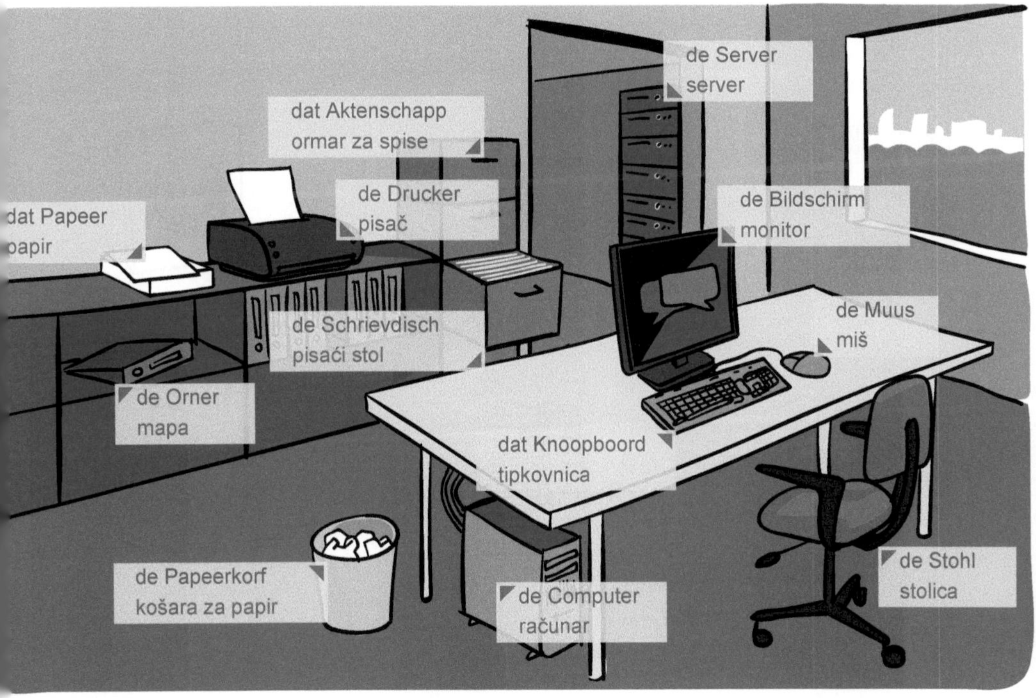

de Server
server

dat Aktenschapp
ormar za spise

de Drucker
pisač

dat Papeer
papir

de Bildschirm
monitor

de Schrievdisch
pisaći stol

de Muus
miš

de Orner
mapa

dat Knoopboord
tipkovnica

de Papeerkorf
košara za papir

de Computer
računar

de Stohl
stolica

de Koffiebeker

šalica za kavu

de Taschenreekner

kalkulator

dat Internet

internet

de Klappreekner

laptop

de Breef

pismo

de Naricht

poruka

de Ackersnacker

mobilni telefon

dat Nettwark

mreža

de Kopeerapparat

uređaj za kopiranje

de Software

softver

de Klöönkassen

telefon

de Steekdoos

utičnica

de Faxapparat

faks

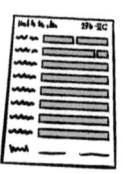

dat Formulor

obrazac

dat Dokument

dokument

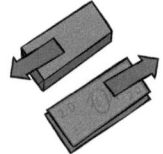

köpen

kupovati

betahlen

platiti

hanneln

trgovati

dat Geld

novac

de Dollar

dolar

de Euro

euro

de Yen

jen

de Ruvel

rubalj

de Swiezer Franken

švicarski franak

de Renminbi Yuan

renmindbi yuan

de Rupie

rupija

de Geldautomat

automat za novac

de Wesselstuuv

mjenjačnica

dat Gold

zlato

dat Sülver

srebro

dat Ööl

nafta

de Energie

energija

de Pries

cijena

de Verdrag

ugovor

de Stüer

porez

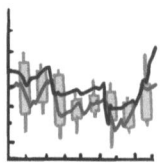

de Andeelschien

dionica

arbeiden

raditi

de Anstellte

službenik

de Arbeitgever

poslodavac

de Fabrik

tvornica

de Hökerie

prodavaonica

de Profeschonen
zanimanja

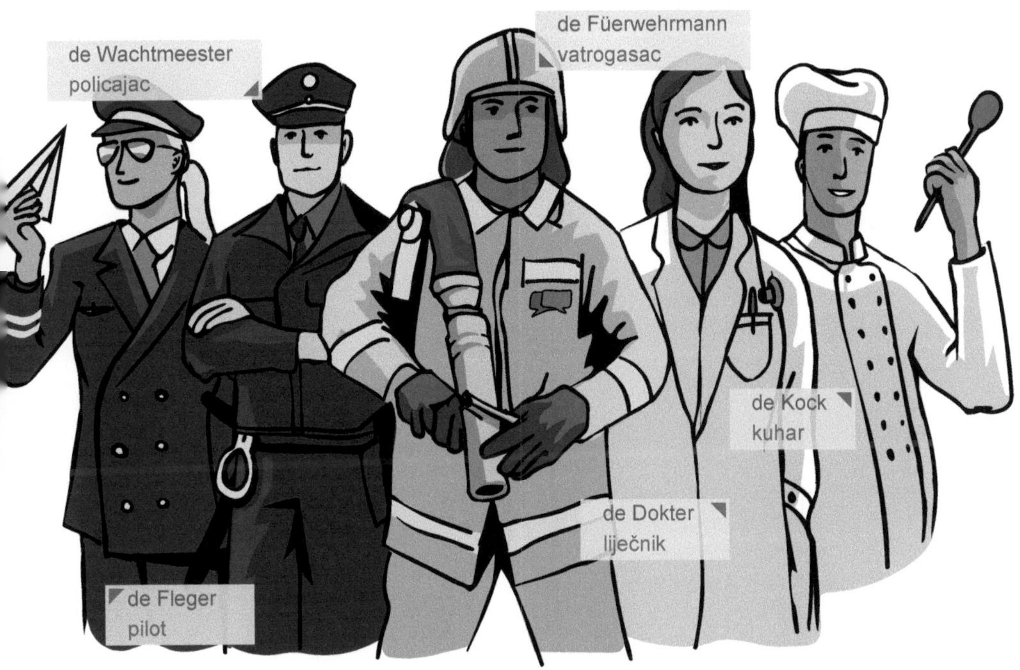
de Wachtmeester
policajac
de Füerwehrmann
vatrogasac
de Kock
kuhar
de Dokter
liječnik
de Fleger
pilot

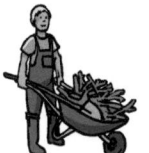

de Goorner
vrtlar

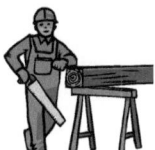

de Discher
stolar

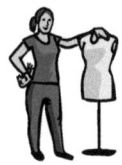

de Neihersche
krojačica

de Richter
sudija

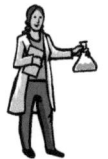

de Chemiker
kemičar

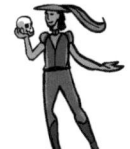

de Schauspeler
glumac

de Busfohrer

vozač autobusa

de Taxifohrer

vozač taksija

de Fischer

ribar

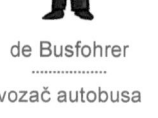

de Reinmaakfru

čistačica

de Dackdecker

krovopokrivač

de Kellner

konobar

de Jäger

lovac

de Maler

slikar

de Bäcker

pekar

de Elektriker

električar

de Buarbeider

građevinski radnik

de Ingenieur

inženjer

de Slachter

mesar

de Klempner

limar

de Postbüdel

poštar

de Suldat

vojnik

de Architekt

arhitekta

de Kasserer

blagajnik

de Florist

cvjećar

de Putzbüdel

frizer

de Schaffner

kondukter

de Mechaniker

mehaničar

de Kaptein

kapetan

de Tähndokter

zubar

de Wetenschopler

znanstvenik

de Rabbi

rabi

de Imam

imam

de Mönk

monah

de Paap

svećenik

dat Warktüüch
alati

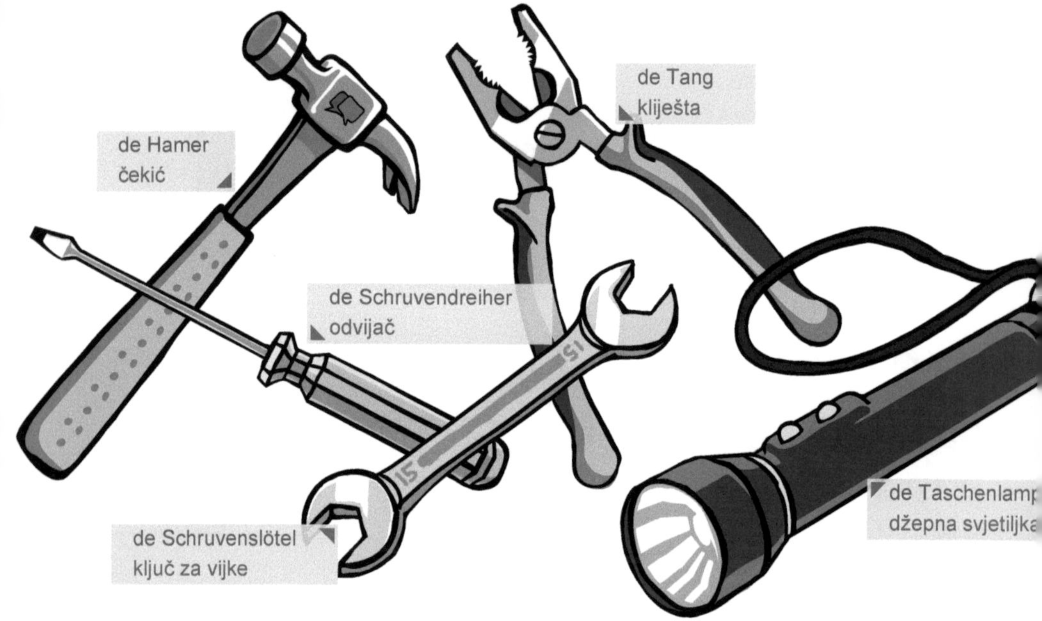
de Hamer
čekić
de Tang
kliješta
de Schruvendreiher
odvijač
de Schruvenslötel
ključ za vijke
de Taschenlamp
džepna svjetiljk

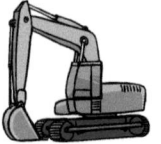

de Grieper

rovokopač

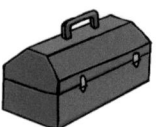

de Warktüüchkassen

kutija za alat

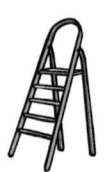

de Ledder

ljestve

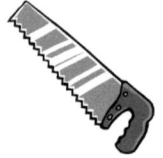

de Saag

pila

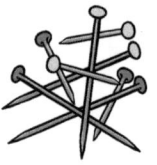

de Nagels

ekser

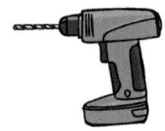

de Bohrer

bušilica

heelmaken
popraviti

de Schüffel
lopata

Schiet!
Sranje!

dat Kehrblick
lopatica

de Farvpott
lonac za boju

de Schruven
vijci

de Musikinstrumenten
glazbeni instrument

de Luutsnacker
zvučnik

dat Slagtüüch
bubnjevi

de Rietfiedel
gitara

de Bass-Vigelien
kontrabas

de Trumpeet
truba

dat Klaveer

klavir

de Vigelien

violina

de Bass

bas

de Pauk

timpani

de Trummeln

udaraljke za bubnjeve

dat Keyboard

keyboard

dat Saxophon

saksofon

de Fleut

flauta

dat Mikrofoon

mikrofon

de Deertenpark
zoološki vrt

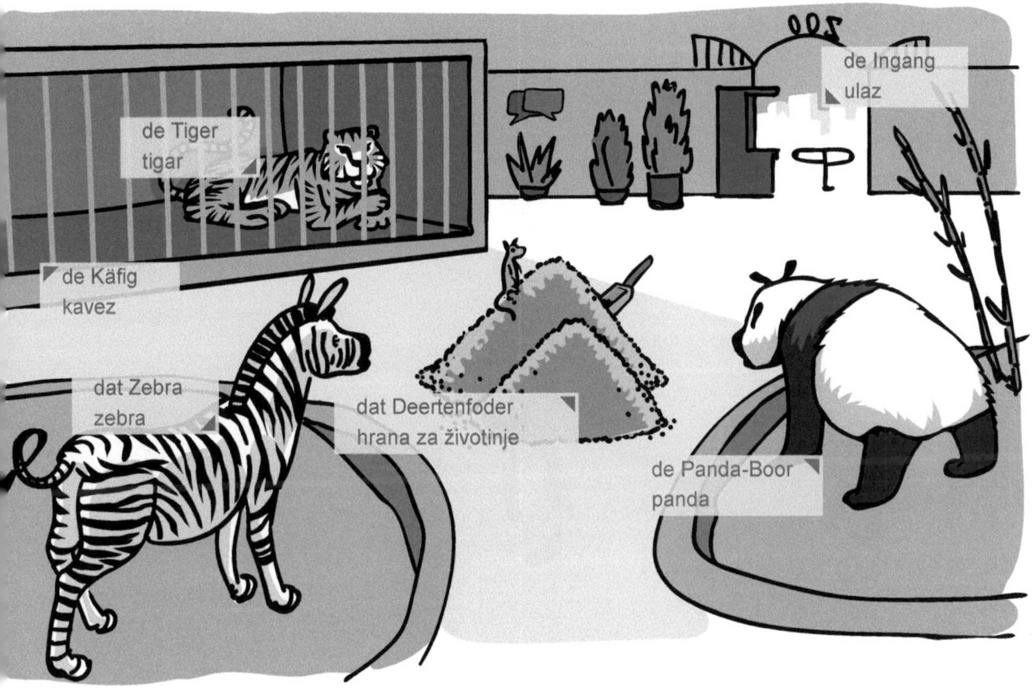

de Ingang
ulaz
de Tiger
tigar
de Käfig
kavez
dat Zebra
zebra
dat Deertenfoder
hrana za životinje
de Panda-Boor
panda

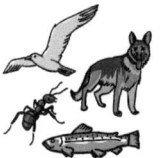

de Deerten

životinje

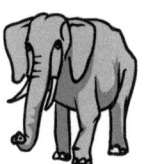

de Elefant

slon

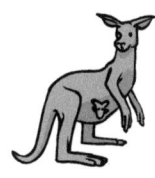

dat Känguru

kengur

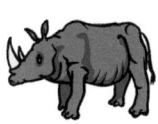

dat Neeshoorn

nosorog

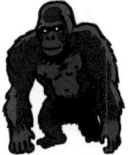

de Gorilla

gorila

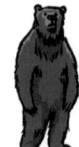

de Boor

medvjed

dat Kameel

kamila

de Struuß

noj

de Lööv

lav

de Aap

majmun

de Flamingo

flamingo

de Papagoi

papagaj

de Iesboor

polarni medvjed

de Pinguin

pingvin

de Haifisch

ajkula

de Pageluun

paun

de Slang

zmija

dat Krokodil

krokodil

de Oppasser in'n
Deertenpark
čuvar u zoološkom vrtu

de Saalhund

tuljan

de Jaguor

jaguar

dat Pony

poni

de Leopard

leopard

dat Nilpeerd

nilski konj

de Giraff

žirafa

de Aadler

orao

dat Wildswien

divlja svinja

de Fisch

riba

de Schildkrööt

kornjača

dat Walross

morž

de Voss

lisica

de Gazell

gazela

de Amerikaansch Football
američki nogomet

dat Radfohren
biciklizam

dat Tennis
tenis

de Korfball
košarka

dat Swümmen
plivanje

dat Boxen
boks

dat Ieshockey
hockey na ledu

de Football	dat Fedderball	de Leichtathletik
nogomet	badminton	atletika
de Handball	dat Skilopen	dat Polo
rukomet	skijanje	polo

de Aktivitäten
aktivnosti

lachen
smijati se
springen
skočiti
ümarmen
zagrliti
gahn
ići
singen
pjevati
drömen
sanjati
beden
moliti se
snuteln
poljubiti

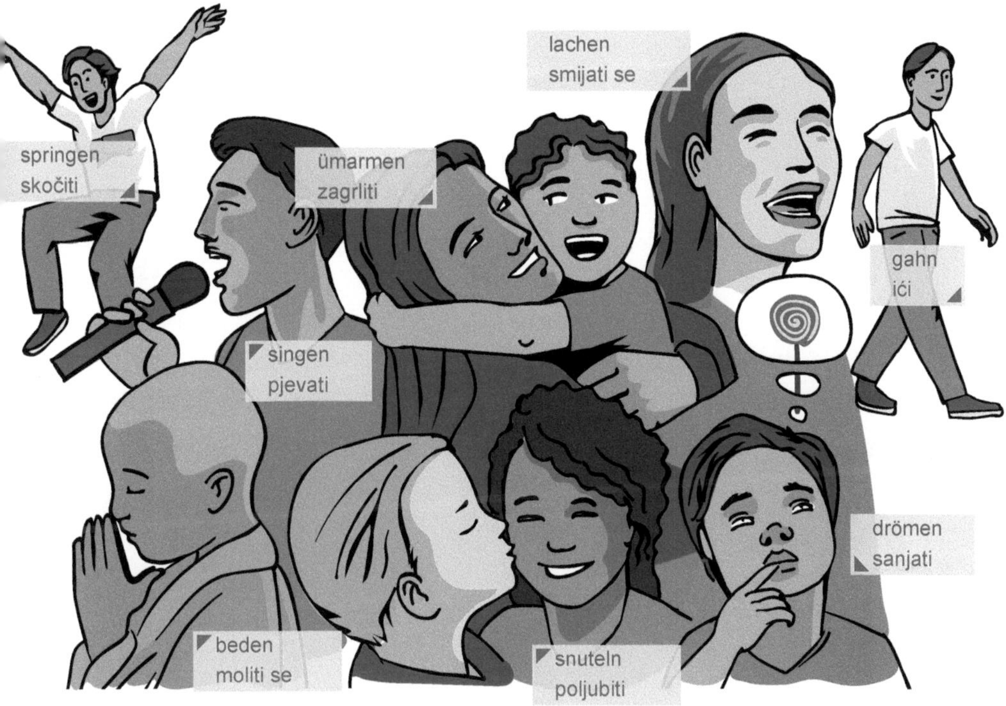

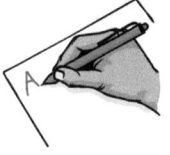

schrieven
pisati

teken
crtati

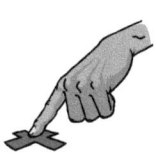

wiesen
pokazati

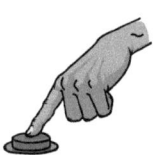

drücken
gurati

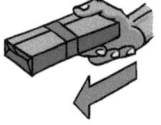

geven
dati

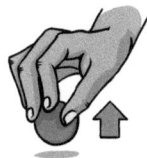

nehmen
uzeti

hebben

imati

doon

činiti

sien

biti

stahn

stojati

lopen

trčati

trecken

povlačiti

smieten

baciti

fallen

padati

liggen

ležati

töven

čekati

dregen

nositi

sitten

sjediti

antrecken

oblačiti

slapen

spavati

opwaken

probuditi se

ankieken

gledati

wenen

plakati

eien

milovati

kämmen

češljati

snacken

govoriti

verstahn

razumjeti

fragen

pitati

hören

slušati

drinken

piti

eten

jesti

oprümen

pospremiti

leefhebben

voljeti

kaken

kuhati

fohren

voziti

flegen

letjeti

segeln
ploviti

reken
računati

lesen
čitati

lehren
učiti

arbeiden
raditi

de Plünnen tohoopsmieten
vjenčati se

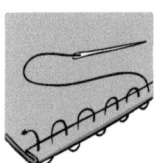

neihen
šiti

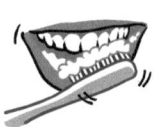

Tähnen putzen
prati zube

dootmaken
ubiti

smöken
pušiti

schicken
poslati

de Familje
obitelj

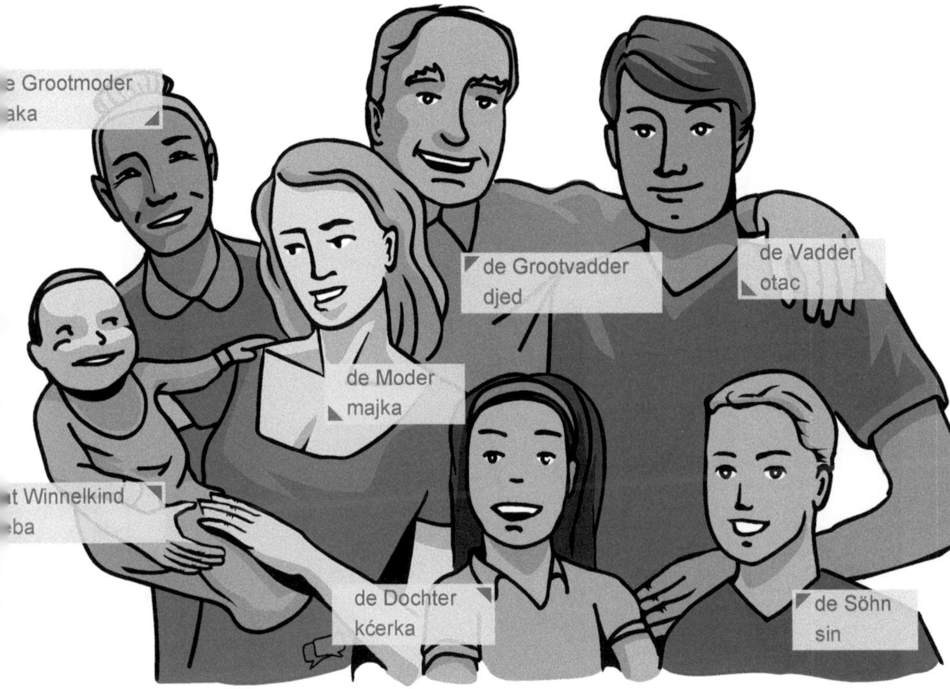

e Grootmoder
aka
de Grootvadder
djed
de Vadder
otac
de Moder
majka
t Winnelkind
ba
de Dochter
kćerka
de Söhn
sin

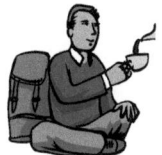

de Gast

gost

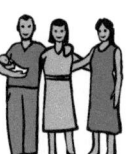

de Tant

tetka

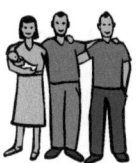

de Unkel

ujak, stric

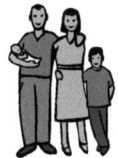

de Broder

brat

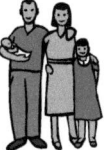

de Süster

sestra

de Lief

tijelo

de Vörkopp
čelo
dat Oog
oko
de Schuller
rame
de Finger
prst
dat Gesicht
lice
dat Kinn
brada
de Hand
ruka
dat Been
noga
de Bost
grudi
de Arm
ruka

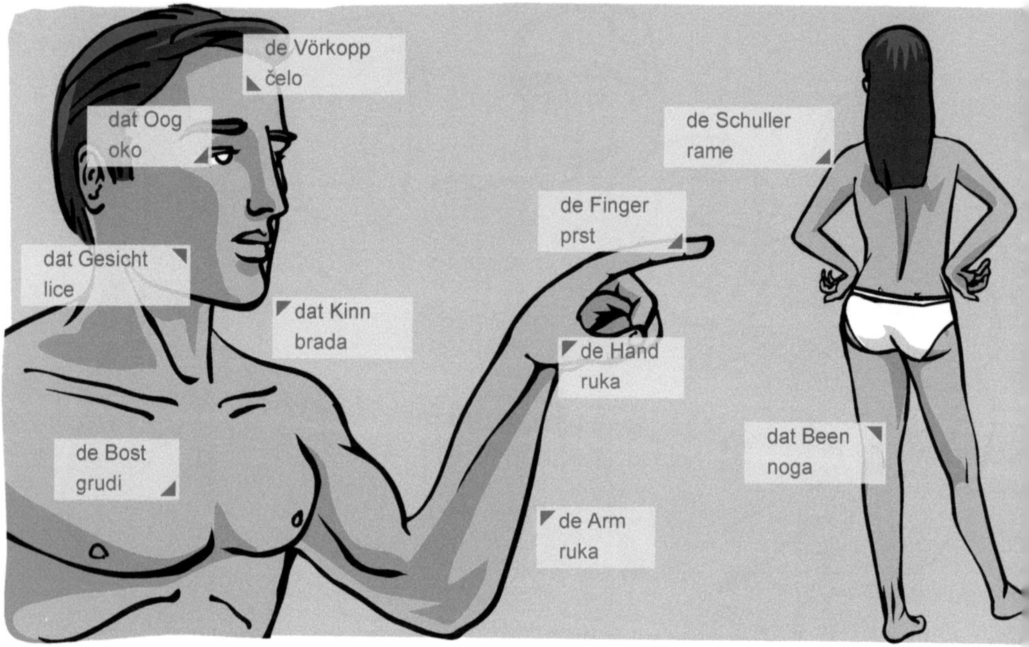

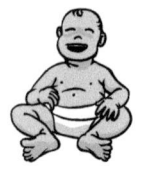

dat Winnelkind
beba

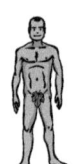

de Mann
muškarac

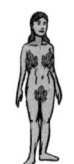

de Fro
žena

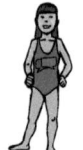

de Deern
djevojčica

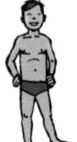

de Jung
dječak

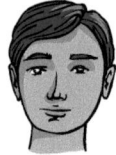

de Arm
glava

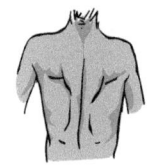

de Rüch

leđa

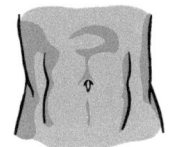

de Buuk

trbuh

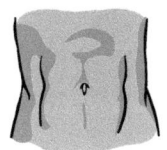

de Navel

pupak

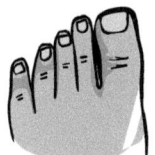

de Teh

nožni prst

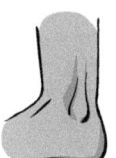

de Hack

peta

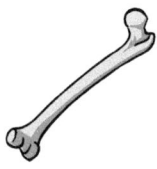

de Knaken

kost

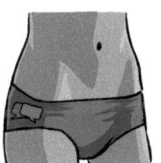

de Hüft

kuk

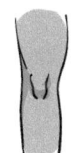

dat Knee

koljeno

de Ellbagen

lakat

de Nees

nos

de Achtersen

stražnjica

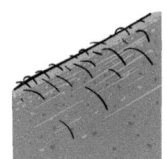

de Huut

koža

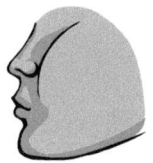

de Back

obraz

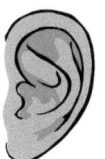

dat Ohr

uho

de Lipp

usna

de Mund

usta

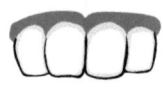

de Tähn

zub

de Tung

jezik

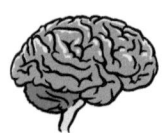

de Bregen

mozak

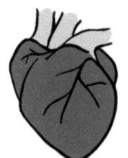

dat Hart

srce

de Muskel

mišić

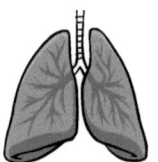

de Lung

pluća

de Lever

jetra

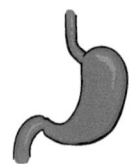

de Maag

želudac

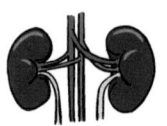

de Neren

bubrezi

de Bislaap

snošaj

dat Kondoom

kondom

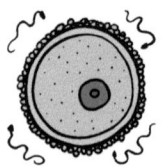

de Eizell

jajna stanica

dat Sperma

sperma

de Anner Ümstänn

trudnoća

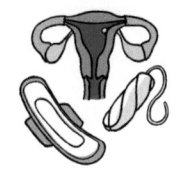

de Menstruatschoon

menstruacija

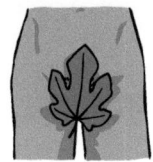

de Scheed

vagina

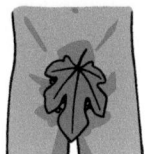

de Pint

penis

de Ogenbroe

obrva

dat Hoor

kosa

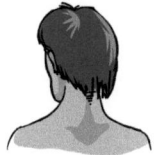

de Hals

vrat

dat Krankenhuus
bolnica

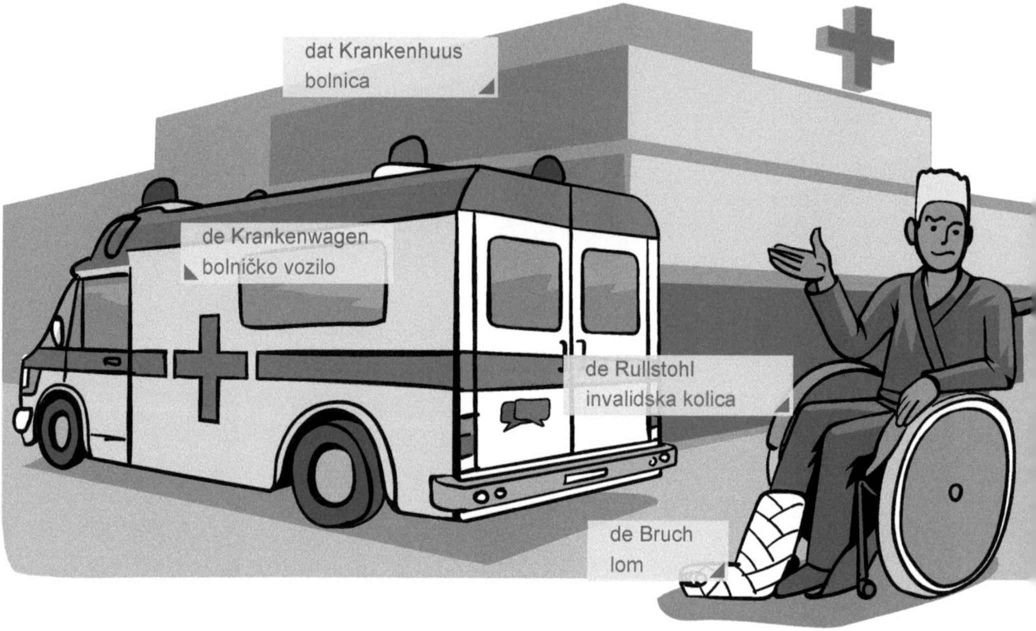

dat Krankenhuus
bolnica
de Krankenwagen
bolničko vozilo
de Rullstohl
invalidska kolica
de Bruch
lom

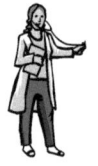

de Dokter

liječnik

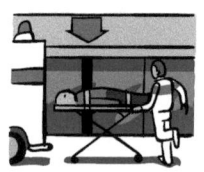

de Nootopnahm

hitna medicinska služba

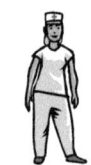

de Krankensüster

medicinska sestra

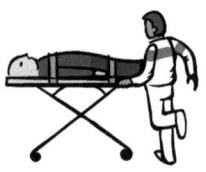

de Nootfall

hitni slučaj

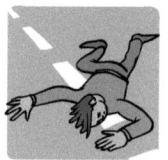

ahnmächtig

nesvijest

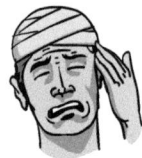

de Wehdaag

bol

de Verwunnen

ozljeda

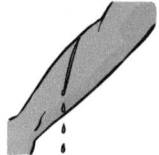

de Blöden

krvarenje

de Hartinfarkt

srćani infarkt

de Slaganfall

moždani udar

de Allergie

alergija

de Hoosten

kašalj

dat Fever

groznica

de Gripp

gripa

de Dörchfall

proljev

de Koppwehdaag

glavobolja

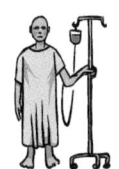

de Kreeft

rak

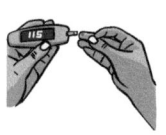

de Zuckersüük

dijabetes

de Chirurg

kirurg

dat Chirurgsch Mess

skalpel

de Operatschoon

operacija

dat Krankenhuus - bolnica

dat CT

ct

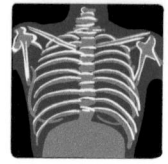

de Dörchlüchten

rentgen

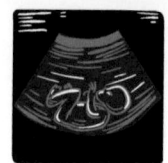

de Ultraschall

ultrazvuk

de Mask

maska

de Krankheit

bolest

de Töövruum

čekaonica

de Krück

štaka

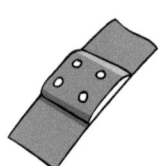

dat Plaaster

flaster

de Verband

zavoj

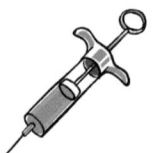

de Insprütten

injekcija

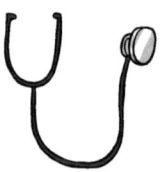

dat Stethoskop

stetoskop

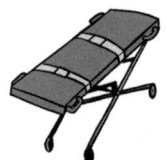

de Draag

nosilo

dat Feverthermometer

termometar

de Geboort

rođenje

dat Övergewicht

prekomjerna težina

dat Krankenhuus - bolnica

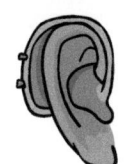

de Höörapparat

slušni aparat

dat Kiemfriemiddel

sredstvo za dezinfekciju

de Ansteken

infekcija

de Virus

virus

dat HIV / AIDS

hiv / sida

dat Heelmiddel

medicina

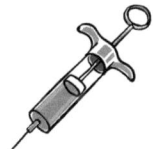

de Impen

vakcinacija

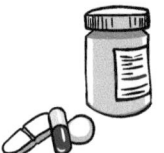

de Tabletten

tablete

de Pill

pilula

de Nootroop

poziv u pomoć

de Blootdruck-Meter

uređaj za mjerenje tlaka

krank / gesund

bolesno / zdravo

Hölp!

pomoć!

de Alarm

alarm

de Överfall

nasrtaj

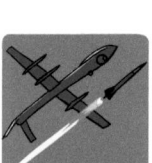

de Angreep

napad

de Gefohr

opasnost

de Nootutgang

izlaz za nuždu

dat Füer!

požar!

de Füerlöscher

vatrogasni aparat

de Unfall

nezgoda

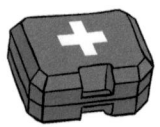

de Noothölpkoffer

kofer prve pomoći

SOS

sos

de Polizei

policija

Europa

Europa

Noordamerika

sjeverna amerika

Süüdamerika

južna amerika

Afrika

Afrika

Asien

Azija

Australien

Australija

de Atlantik

Atlantik

de Pazifik

Pacifik

dat Indisch Weltmeer

ocean

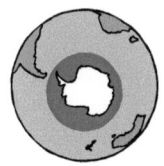

dat Antarktisch Weltmeer

antarktički ocean

dat Arktisch Weltmeer

arktički ocean

de Noordpol

sjeverni pol

de Süüdpol

južni pol

de Antarktis

Antarktik

de Eerd

zemlja

dat Land

zemlja

de See

more

dat Eiland

otok

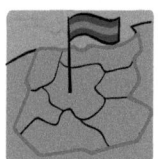

de Natschoon

nacija

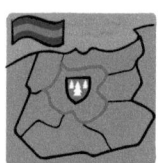

de Staat

država

dat Tallenblatt

brojčanik sata

de Stunnenwieser

satna kazaljka

de Minutenwieser

minutna kazaljka

de Sekunnenwieser

sekundna kazaljka

Wo laat is dat?

Koliko je sati?

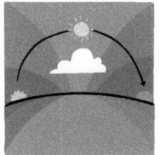

de Dag

dan

de Tiet

vrijeme

nu

sada

de digetaalsch Klock

digitalni sat

de Minuut

minuta

de Stunn

sat

de Week
tjedan

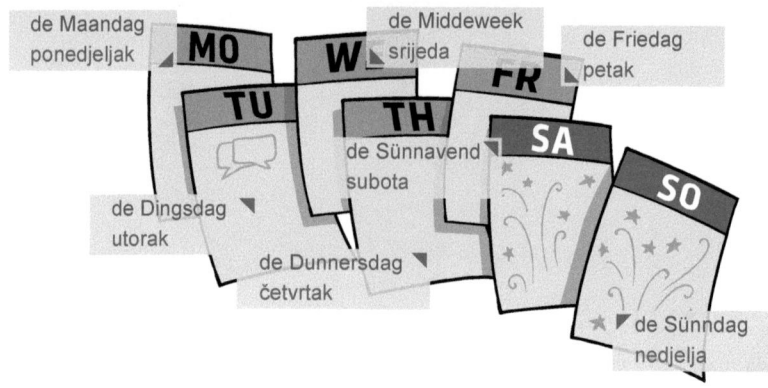

de Maandag
ponedjeljak

de Middeweek
srijeda

de Friedag
petak

de Dingsdag
utorak

de Sünnavend
subota

de Dunnersdag
četvrtak

de Sünndag
nedjelja

güstern

jučer

hüüt

danas

morgen

sutra

de Morgen

jutro

de Meddag

podne

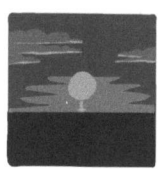

de Avend

večer

de Arbeitsdaag

radni dani

dat Wekenenn

vikend

dat Johr
godina

de Regen
kiša
de Regenbagen
duga
de Snee
snijeg
de Wind
vjetar
dat Fröhjohr
proljeće
de Harvst
jesen
de Sommer
ljeto
de Winter
zima

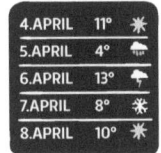

4.APRIL 11°
5.APRIL 4°
6.APRIL 13°
7.APRIL 8°
8.APRIL 10°

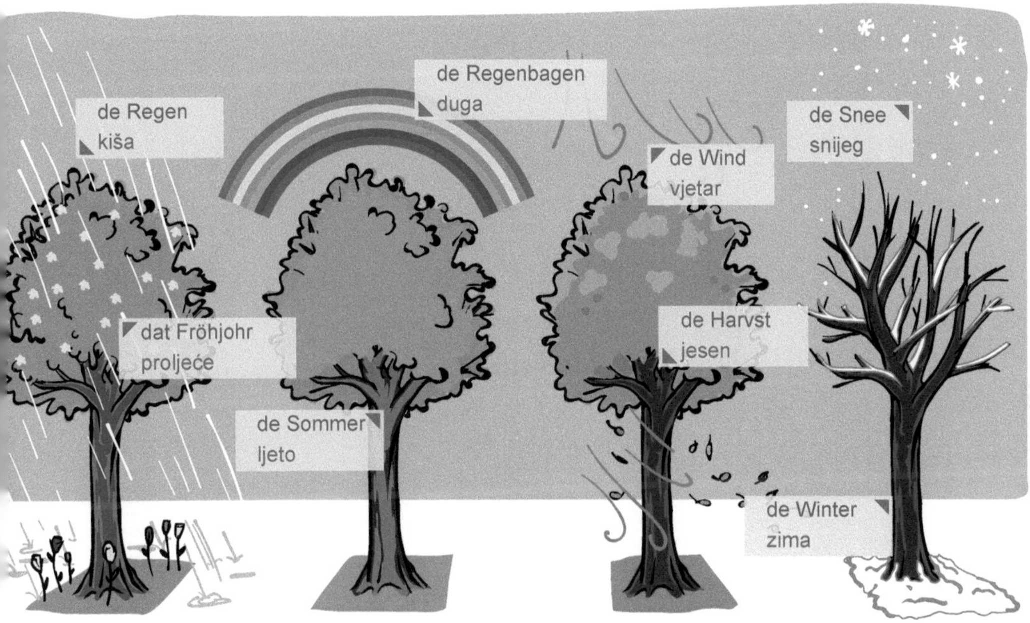

de Wedervörhersaag

meteorološka prognoza

F C
120 90 60 30 0 -30
40 30 20 10 0 -10 -20

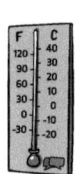

dat Thermometer

termometar

de Sünnenschien

sunčana svjetlost

de Wulk

oblak

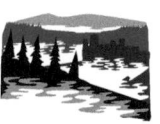

de Nevel

magla

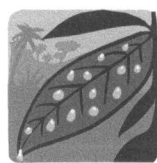

de Luftfuchtigkeit

vlažnost zraka

de Blitz
munja

de Dunner
grmljavina

de Storm
oluja

de Hagel
tuča

de Monsun
monsun

de Floot
poplava

dat Ies
led

de Januormaand
siječanj

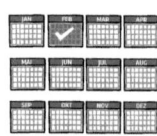

de Februormaand
veljača

de Martmaand
ožujak

de Aprilmaand
travanj

de Maimaand
svibanj

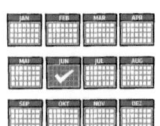

de Junimaand
lipanj

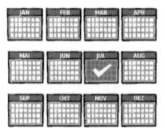

de Julimaand
srpanj

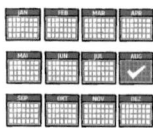

de Augustmaand
kolovoz

dat Johr - godina

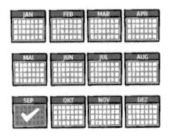

de Septembermaand
....
rujan

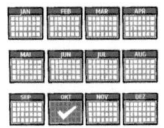

de Oktobermaand
....
listopad

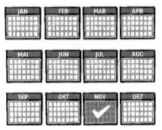

de Novembermaand
....
studeni

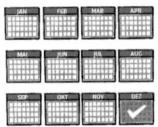

de Dezembermaand
....
prosinac

de Formen

oblici

de Krink
....
krug

dat Quadrat
....
kvadrat

dat Rechteck
....
pravokutnik

dat Dreeeck
....
trokut

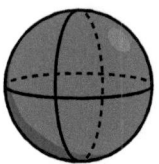

de Kugel
....
kugla

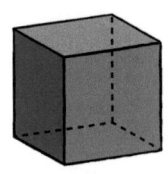

de Wörpel
....
kocka

witt

bijela

geel

žuta

orangsch

narančasta

pink

ružičasta

root

crvena

lila

ljubičasta

blau

plava

gröön

zelena

bruun

smeđa

gries

siva

swart

crna

veel / wenig

mnogo / malo

böös / verdreeglich

ljutito / mirno

smuck / mies

lijepo / ružno

de Begünn / dat Enn

početak / kraj

groot / lütt

veliko / maleno

hell / düüster

svijetlo / tamno

de Broder / de Süster

brat / sestra

schier / schietig

čisto / prljavo

kumpleet / nich kumpleet

potpuno / nepotpuno

de Dag / de Nacht

dan / noć

doot / lebennig

mrtvo / živo

breet / small

široko / usko

geneetbor / nich geneetbor

jestivo / nejestivo

böös / fründlich

zlo / dobro

fickerig / langwielt

uzbuđeno / dosadno

dick / dünn

debelo / mršavo

toeerst / toletzt

na početku / na kraju

de Fründ / de Fiend

prijatelj / neprijatelj

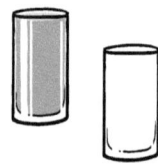

vull / leddig

puno / prazno

hart / week

tvrdo / mekano

swoor / licht

teško / lagano

de Smacht / de Döst

glad / žeđ

krank / gesund

bolesno / zdravo

nich na't Recht / na't Recht

ilegalno / legalno

klook / dummerhaftig

pametno / glupo

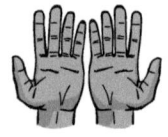

linkerhand / rechterhand

lijevo / desno

neeg / feern

blizu / daleko

de Gegendelen - suprotnosti

nieg / bruukt

novo / rabljeno

nix / wat

ništa / nešto

oolt / jung

staro / mlado

an / ut

uključeno / isključeno

apen / slaten

otvoreno / zatvoreno

lies / luut

tiho / glasno

riek / arm

bogato / siromašno

richtig / verkehrt

točno / pogrešno

ruug / glatt

hrapavo / glatko

trurig / glücklich

tužno / sretno

kort / lang

kratko / dugo

suutje / flink

polako / brzo

natt / dröög

mokro / suho

warm / köhl

toplo / hladno

de Krieg / de Freden

rat / mir

0	**1**	**2**
null	een	twee
nula	jedan	dva

3	**4**	**5**
dree	veer	fief
tri	četiri	pet

6	**7**	**8**
söss	söven	acht
šest	sedam	osam

9	**10**	**11**
negen	teihn	ölven
devet	deset	jedanaest

12

twölf
dvanaest

13

dörteihn
trinaest

14

veerteihn
četrnaest

15

föffteihn
petnaest

16

sössteihn
šestnaest

17

söventeihn
sedamnaest

18

achtteihn
osamnaest

19

negenteihn
devetnaest

20

twintig
dvadeset

100

hunnert
stotinu

1.000

dusend
tisuću

1.000.000

million
milijun

dat Engelsch

engleski

dat Amerikaansch Engelsch

američko engleski

dat Chineesch Mandarin

kinesko mandarinski

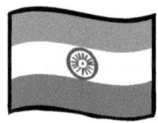

dat Hindi

hindi

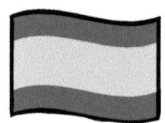

dat Spaansch

španjolski

dat Franzöösch

francuski

dat Araabsch

arapski

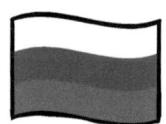

dat Rusch

ruski

dat Portugiesch

portugalski

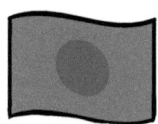

dat Bengaalsch

bengalski

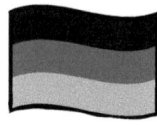

dat Düütsch

njemački

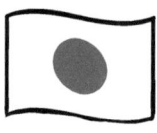

dat Japaansch

japanski

ik

ja

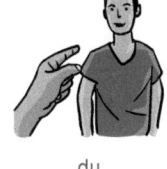

du

ti

he / se / dat

on / ona / ono

wi

mi

ji

vi

se

oni

keen?

tko?

wat?

što?

woans?

kako?

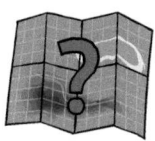

woneem?

gdje?

wannehr?

kada?

de Naam

ime

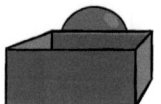

achter

iza

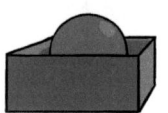

in

u

vör

ispred

över

preko

op

na

ünner

ispod

blangen

pored

twüschen

između

de Oort

mjesto